D1753244

新版 實用視聽華語
學生作業簿

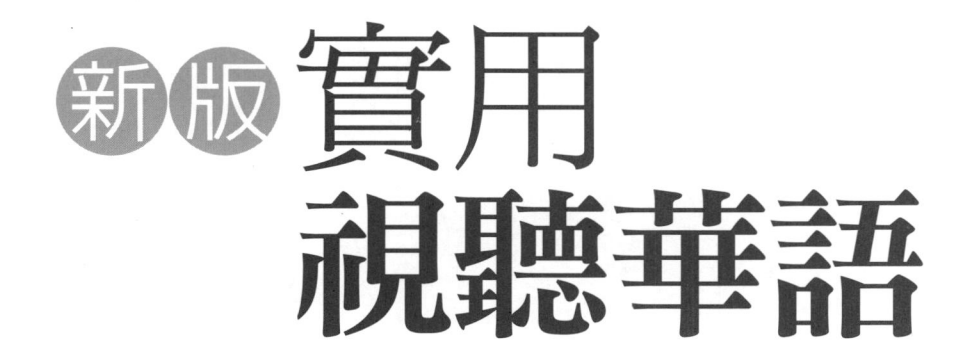

PRACTICAL AUDIO-VISUAL
CHINESE
**STUDENT'S WORKBOOK
2ND EDITION 2**

主 編 者◆國立臺灣師範大學
編輯委員◆王淑美・盧翠英・陳夜寧
策 劃 者◆教育部

目錄

第 一 課	我生病了		1
第 二 課	到那兒去怎麼走？		7
第 三 課	請您給我們介紹幾個菜		13
第 四 課	請她回來以後，給我打電話		21
第 五 課	華語跟法語一樣好聽		27
第 六 課	歡迎你們搬來		33
第 七 課	你要把這張畫兒掛在哪兒？		39
第 八 課	他們在樓下等著我們呢		45
第 九 課	這個盒子裝得下嗎？		51
第 十 課	我跑不了那麼遠		57
第十一課	我們好好兒地慶祝慶祝		63
第十二課	錶讓我給弄丟了		69
第十三課	恭喜恭喜		75

第一課　我生病了

NEW CHARACTERS

Character & Pronunciation		Radical	Stroke Order								
病 ㄅㄧㄥˋ	bìng	疒	广	疒	疒	病	病				
週 ㄓㄡ	zhōu	辶(辵)	刀	刃	円	用	周	週			
末 ㄇㄛˋ	mò	木	一	末							
舒 ㄕㄨ	shū	舌	人	亽	余	舍	舍	舒	舒		
禮 ㄌㄧˇ	lǐ	礻(示)	亠	礻	礻	礻	礻	禮	禮	禮	禮
			禮								
拜 ㄅㄞˋ	bài	手	一	三	手	拝	拜	拜			
醫 ㄧ	yī	酉	一	医	医	殹	殹	醫	醫	醫	醫
感 ㄍㄢˇ	gǎn	心	一	厂	厂	咸	咸	咸	感		
冒 ㄇㄠˋ	mào	冂	冂	日	曰	冒					
關 ㄍㄨㄢ	guān	門	門	閂	閂	閂	關	關	關	關	關
係 ㄒㄧˋ	xì	亻(人)	亻	亻	係	係					
必 ㄅㄧˋ	bì	心	丶	心	心	必	必				
藥 ㄧㄠˋ	yào	艹(艸)	艹	苩	茜	藥	藥	藥			

NEW CHARACTERS

Character & Pronunciation		Radical	Stroke Order							
假 ㄐㄧㄚˋ	jià	亻(人)	亻	仁	仮	作	作	作	假	
打 ㄉㄚˇ	dǎ	扌(手)	一	十	扌	扩	打			
算 ㄙㄨㄢˋ	suàn	竹(竹)	竹	筲	筲	算				
鄉 ㄒㄧㄤ	xiāng	阝(邑)	乡	乡	乡	纟	纟	纱	鄉	鄉
			鄉							
許 ㄒㄩˇ	xǔ	言	言	言	訁	許	許			
忘 ㄨㄤˋ	wàng	心	亠	亡	忘					
山 ㄕㄢ	shān	山	丨	山	山					
滑 ㄏㄨㄚˊ	huá	氵(水)	氵	汀	汩	洭	洭	滑		
雪 ㄒㄩㄝˇ	xuě	雨	一	二	干	雨	雷	雪	雪	
特 ㄊㄜˋ	tè	牜(牛)	丿	亠	牛	牛	牜	特	特	
心 ㄒㄧㄣ	xīn	心	丶	心	心	心				
放 ㄈㄤˋ	fàng	攵(攴)	丶	亠	方	方	方	放	放	
壞 ㄏㄨㄞˋ	huài	土	土	圹	圹	坤	壞	壞	壞	壞

第一課　我生病了

I. Read the following sentences, and add tone marks above the characters.

1. 下禮拜放假，我打算到鄉下去住幾天，可是汽車壞了。

2. 也許因為天氣不好，最近生病的人特別多，得小心。

3. 他不舒服，醫生說是感冒，沒關係，不必吃藥。

4. 週末到山上去滑雪的人不少。

5. 他可能忘了來考試，我真不放心。

II. Transcribe the following sentences into Chinese characters.

1. ㄗㄨㄟˋㄐㄧㄣˋㄨㄛˇㄅㄨˊㄊㄞˋㄕㄨㄈㄨˊ，ㄧㄝˇㄒㄩˇㄕˋㄧㄣㄨㄟˋㄊㄧㄢㄑㄧˋㄊㄞˋㄏㄨㄞˋ。
   Zuèijìn wǒ bú tài shūfú, yěsyǔ shìh yīnwèi tiāncì tài huài.
   Zuìjìn wǒ bú tài shūfú, yěxǔ shì yīnwèi tiānqì tài huài.

2. ㄐㄧㄣㄊㄧㄢㄈㄤˋㄐㄧㄚˋ，ㄌㄨˋㄕㄤˋㄔㄜㄉㄨㄛ，ㄎㄞㄔㄜㄉㄟˇㄊㄜˋㄅㄧㄝˊㄒㄧㄠˇㄒㄧㄣ。
   Jīntiān fàngjià, lyùshàng chē duō, kāichē děi tèbié siǎosīn.
   Jīntiān fàngjià, lùshàng chē duō, kāichē děi tèbié xiǎoxīn.

3. ㄇㄟˊㄍㄨㄢㄒㄧ，ㄋㄧˇㄅㄨˊㄅㄧˋㄑㄩˋ。
   Méiguānsi, nǐ búbì cù.
   Méiguānxi, nǐ búbì qù.

4. ㄓㄜˋㄌㄧㄤˇㄍㄜㄌㄧˇㄅㄞˋㄨㄛˇㄊㄜˋㄅㄧㄝˊㄇㄤˊ。
   Jhè liǎngge lǐbài wǒ tèbié máng.
   Zhè liǎngge lǐbài wǒ tèbié máng.

3

實用視聽華語 2
Practical Audio-Visual Chinese

5. ㄨㄛˇ ㄉㄜ˙ ㄅㄧㄠˇ ㄏㄨㄞˋ ㄌㄜ˙, ㄉㄚˇ ㄙㄨㄢˋ ㄗㄞˋ ㄇㄞˇ ㄧˊ ㄍㄜ˙ ㄒㄧㄣ ㄉㄜ˙。
Wǒde biǎo huàile, dǎsuàn zài mǎi yíge sīnde.
Wǒde biǎo huàile, dǎsuàn zài mǎi yíge xīnde.

6. ㄊㄚ ㄧㄝˇ ㄒㄩˇ ㄉㄟˇ ㄗㄞˋ ㄒㄧㄤ ㄒㄧㄚˋ ㄓㄨˋ ㄌㄧㄤˇ ㄋㄧㄢˊ。
Tā yěsǔ děi zài siāngsià jhù liǎng nián.
Tā yěxǔ děi zài xiāngxià zhù liǎng nián.

7. ㄋㄧˇ ㄕㄥ ㄅㄧㄥˋ ㄌㄜ˙, ㄧㄥ ㄍㄞ ㄑㄩˋ ㄎㄢˋ ㄧ ㄕㄥ。
Nǐ shēngbìngle, yīnggāi cù kàn yīshēng.
Nǐ shēngbìngle, yīnggāi qù kàn yīshēng.

8. ㄕㄤˋ ㄍㄜ˙ ㄌㄧˇ ㄅㄞˋ ㄨㄛˇ ㄍㄢˇ ㄇㄠˋ ㄌㄜ˙, ㄏㄣˇ ㄅㄨˋ ㄕㄨ ㄈㄨˊ。
Shàngge lǐbài wǒ gǎnmàole, hěn bùshūfú.
Shàngge lǐbài wǒ gǎnmàole, hěn bùshūfú.

9. ㄓㄜˋ ㄍㄜ˙ ㄓㄡ ㄇㄛˋ ㄨㄛˇ ㄉㄚˇ ㄙㄨㄢˋ ㄉㄠˋ ㄕㄢ ㄕㄤˋ ㄑㄩˋ ㄏㄨㄚˊ ㄒㄩㄝˇ。
Jhèige jhōumò wǒ dǎsuàn dào shānshàng cù huásyuě.
Zhèige zhōumò wǒ dǎsuàn dào shānshàng qù huáxuě.

10. ㄨㄛˇ ㄨㄤˋ ㄌㄜ˙ ㄔ ㄧㄠˋ ㄌㄜ˙。
Wǒ wàngle chīhyào le.
Wǒ wàngle chīyào le.

Ⅲ. Answer the following questions using question words as indefinites.

1. 你昨天到哪兒去了？

2. 你要買什麼東西？

3. 你喜歡旅行嗎？

4. 你吃了多少飯？

5. 你有幾個朋友？

IV. Change the following sentences into "change status 了" form.

1. 他還愛喝酒。

2. 外面還下雨呢。

3. 我明天還來。

4. 他還不會開車。

5. 他們還在德國。

V. Fill in the blanks with 剛剛，就要，快要，早就 or 還早呢。

1. 再等幾分鐘，公車_____來了。
2. 我_____吃了東西，現在不想吃了。
3. 你快要去旅行了嗎？不，_____。
4. 我_____知道了，你不必說了。
5. _____吃晚飯了，別吃東西了吧！

VI. Make sentences.

1. 可能

2. 打算

3. 不必

4. 特別

5. 也許

VII. Translate the following sentences into Chinese.

1. I've been over my illness for a long time. I don't have to take anymore medicine.

2. Relax! The doctors said there's no problem.

3. I'm not feeling well. I have to go see a doctor.

4. The mother doesn't allow the children to watch too much television.

VIII. What would you say?

1. If your friend looks uncomfortable or unhappy, what would you say to him?

2. If your friend has been sick recently and you want to know his condition, what would you say to him?

3. Someone is really worried, how do you comfort him?

第二課　到那兒去怎麼走？

NEW CHARACTERS

Character & Pronunciation		Radical	Stroke Order							
郵	yóu	阝(邑)	丿	二	千	乓	垂	垂	郵	
局	jú	尸	丿	乛	尸	月	局			
往	wǎng	彳	丿	彳	彳	行	往	往		
直	zhí	目	一	十	古	自	直			
第	dì	𥫗 (竹)	𥫗	𥫗	笁	笃	第	第		
右	yòu	口	一	丆	右					
轉	zhuǎn	車	車	車	車	軠	輏	轉	轉	
幫	bāng	巾	土	圭	封	封	幫	幫		
城	chéng	土	土	圠	圠	坊	城	城	城	
市	shì	巾	丶	亠	市	市				
部	bù	阝(邑)	亠	立	音	部				
台	tái	口	厶	厶	台					
北	běi	匕	丨	十	寸	北	北			
然	rán	灬 (火)	夕	夕	夕	然	然	然		

NEW CHARACTERS

Character & Pronunciation		Radical	Stroke Order								
南 ㄋㄢˊ	nán	十	十	冃	冄	南	南				
海 ㄏㄞˇ	hǎi	氵(水)	氵	汇	海	海	海				
高 ㄍㄠ	gāo	高	亠	古	高	高					
河 ㄏㄜˊ	hé	氵(水)	氵	汇	沪	河					
條 ㄊㄧㄠˊ	tiáo	木	亻	什	仔	攸	條				
左 ㄗㄨㄛˇ	zuǒ	工	一	ナ	ナ	左	左				
街 ㄐㄧㄝ	jiē	行	彳	往	往	徍	街	街			

第二課　到那兒去怎麼走？

I. Read the following sentences, and add tone marks above the characters.

1. 往南一直走，到了第二個十字路口往右轉，就看見郵局了，在左邊。

2. 請別客氣，我可以先幫你忙，然後再去辦別的事。

3. 我們十號離開臺北，經過日本，再直飛美國西部的城市。

4. 這條街的兩邊有很多高樓。

5. 美國東邊西邊都有海，最大的河在中部。

II. Transcribe the following sentences into Chinese characters.

1. Yàoshìh nǐ yào wǒ bāngmáng, cǐng bié kècì.
   Yàoshi nǐ yào wǒ bāngmáng, qǐng bié kèqì.

2. Jhōngguó yǒu bùshǎo gāoshān dàhé, dōngbiān shìh hǎi.
   Zhōngguó yǒu bùshǎo gāoshān dàhé, dōngbiān shì hǎi.

3. Zài nèige shíhzìhlùkǒu bùkěyǐ zuǒjhuǎn.
   Zài nèige shízìlùkǒu bùkěyǐ zuǒzhuǎn.

4. Wǎng cián yìjhíh zǒu, guò liǎngtiáo jiē, jīngguò yìjiā bǎihuògōngsī, jiòu dàole.
   Wǎng qián yìzhí zǒu, guò liǎngtiáo jiē, jīngguò yìjiā bǎihuògōngsī, jiù dàole.

實用視聽華語 2
Practical Audio-Visual Chinese

5. ㄉㄠˋㄊㄞˊㄅㄟˇㄉㄜ˙ㄈㄟㄐㄧㄐㄧˇㄉㄧㄢˇㄓㄨㄥㄑㄧˇㄈㄟ？
   Dào Táiběi de fēijī jǐdiǎnjhōng cǐfēi?
   Dào Táiběi de fēijī jǐdiǎnzhōng qǐfēi?

6. ㄋㄧˇㄒㄧㄢㄨㄤˇㄋㄢˊㄗㄡˇ，ㄗㄞˋㄨㄤˇㄉㄨㄥㄗㄡˇ。
   Nǐ siān wǎng nán zǒu, zài wǎng dōng zǒu.
   Nǐ xiān wǎng nán zǒu, zài wǎng dōng zǒu.

7. ㄧㄡˊㄐㄩˊㄐㄧㄡˋㄗㄞˋㄒㄩㄝˊㄒㄧㄠˋㄆㄤˊㄅㄧㄢ。
   Yóujyú jiòu zài syuésiào pángbiān.
   Yóujú jiù zài xuéxiào pángbiān.

8. ㄧㄡˋㄅㄧㄢㄉㄧˋㄦˋㄙㄨㄛˇㄈㄤˊㄗ˙ㄐㄧㄡˋㄕˋㄨㄛˇㄐㄧㄚ，ㄋㄧˇㄎㄢˋㄐㄧㄢˋㄌㄜ˙ㄇㄚ？
   Yòubiān dièrsuǒ fángzih jiòu shìh wǒ jiā, nǐ kànjiànle ma?
   Yòubiān dièrsuǒ fángzi jiù shì wǒ jiā, nǐ kànjiànle ma?

9. ㄊㄚㄉㄚˇㄙㄨㄢˋㄌㄧˊㄎㄞㄔㄥˊㄕˋㄉㄠˋㄒㄧㄤㄒㄧㄚˋㄑㄩˋㄓㄨˋ。
   Tā dǎsuàn líkāi chéngshìh dào siāngsià cù jhù.
   Tā dǎsuàn líkāi chéngshì dào xiāngxià qù zhù.

10. ㄋㄟˋㄊㄧㄠˊㄧㄡˇㄇㄧㄥˊㄉㄜ˙ㄏㄜˊㄗㄞˋㄓㄨㄥㄍㄨㄛˊㄋㄢˊㄅㄨˋ。
    Nèitiáo yǒumíngde hé zài Jhōngguó nánbù.
    Nèitiáo yǒumíngde hé zài Zhōngguó nánbù.

III. Answer the following questions.

1. 從你家到學校得經過哪些地方？

2. 在你右邊的人是誰？你的左邊是誰？

3. 離這兒最近的郵局怎麼走？

4. 美國中部最大的河叫什麼名字？

5. 中國字應該從左往右寫，英文呢？

IV. Draw a map, and describe the locations of the places shown on the map.

V. Make sentences.

1. 從……往……

2. 一直

3. 經過

4. 要是……就……

5. 然後

6. 離開

7. 看見

8. 先……再……

VI. Translate the following sentences into Chinese.

1. In the summer, I often go to play at the beach with my friends.

2. From here go straight, cross two streets, and you'll be able to see the train station.

3. If I had money, I would go traveling.

4. You should take your medicine first, then go to sleep.

5. He is very busy, so he can't buy a bus ticket for you.

6. At the intersection up ahead turn right and you'll be at the post office.

VII. What would you say?

1. If you want someone to help you, what would you say?

2. If you want to know where the nearest restaurant is, what would you say?

3. When you want to buy a ticket to New York, what would you say?

4. When someone says thank you, what do you say in a polite way?

第三課　請您給我們介紹幾個菜

NEW CHARACTERS

Character & Pronunciation	Radical	Stroke Order								
介 jiè	人	人	介	介						
紹 shào	糸	糸	紀	紹	紹					
魚 yú	魚	ノ	ク	刍	魚					
非 fēi	非	ノ	ヨ	刲	非					
牛 niú	牛	ノ	亠	二	牛					
肉 ròu	肉	冂	内	肉						
青 qīng	青	二	士	主	青					
雞 jī	隹	ノ	⺈	⺈	⺈	爫	奚	奚	雞	雞
		雞								
湯 tāng	氵(水)	氵	汀	浔	浔	湯	湯			
信 xìn	亻(人)	亻	信							
替 tì	日	二	夫	扶	替					
自 zì	自	ノ	白	自						
己 jǐ	己	フ	コ	己						

實用視聽華語 2
Practical Audio-Visual Chinese

NEW CHARACTERS

Character & Pronunciation	Radical	Stroke Order							
碗 wǎn	石	一	ナ	石	矿	矽	砽	碗	
飽 bǎo	食	亽	飠	飣	飣	飹	飽		
用 yòng	用	ノ	冂	月	用				
果 guǒ	木	日	旦	甲	果				
筷 kuài	筟 (竹)	竹	竹	竹	筷	筷			
刀 dāo	刀	丿	刀						
叉 chā	丶	乛	又	叉					
匙 chí	匕	日	旦	早	是	匙	匙		
句 jù	口	ノ	勹	句					
封 fēng	寸	土	圭	封					

第三課　請您給我們介紹幾個菜

I. Read the following sentences, and add tone marks above the characters.

1. 他非常愛吃牛肉跟魚，不愛吃青菜水果。

2. 你自己去吧。我可以給你寫一封介紹信。

3. 我不能替你做句子。

4. 我喝了一碗雞湯，就飽了。

5. 刀叉、筷子、湯匙，我們都有，您要用什麼？

II. Transcribe the following sentences into Chinese characters.

1. ㄋㄧˇ ㄏㄨㄟˋ ㄩㄥˋ ㄓㄨㄥ ㄍㄨㄛˊ ㄏㄨㄚˋ ㄐㄧㄝˋ ㄕㄠˋ ㄋㄧˇ ㄗˋ ㄐㄧˇ ㄇㄚ？
   Nǐ huèi yòng Jhōngguó huà jièshào nǐ zìhjǐ ma?
   Nǐ huì yòng Zhōngguó huà jièshào nǐ zìjǐ ma?

2. ㄩㄥˋ ㄉㄠ ㄔㄚ ㄔ ㄐㄧ ㄅㄨˋ ㄈㄤ ㄅㄧㄢˋ。
   Yòng dāochā chīh jī bùfāngbiàn.
   Yòng dāochā chī jī bùfāngbiàn.

3. ㄓㄟˋ ㄨㄢˇ ㄋㄧㄡˊ ㄖㄡˋ ㄊㄤ ㄕˋ ㄨㄛˇ ㄊㄧˋ ㄋㄧˇ ㄉㄧㄢˇ ㄉㄜ。
   Jhèiwǎn nióuròutāng shìh wǒ tì nǐ diǎn de.
   Zhèiwǎn niúròutāng shì wǒ tì nǐ diǎn de.

4. ㄏㄞˊ ㄗ ㄩㄥˋ ㄊㄤ ㄔˊ ㄔ ㄈㄢˋ，ㄊㄚ ㄇㄣ ㄅㄨˊ ㄏㄨㄟˋ ㄩㄥˋ ㄎㄨㄞˋ ㄗ。
   Háizih yòng tāngchíh chīhfàn, tāmen búhuèi yòng kuàizih.
   Házi yòng tāngchí chīfàn, tāmen búhuì yòng kuàizi.

5. ㄓㄟㄈㄥ ㄒㄧㄣ ㄌㄧ˙ ㄉㄜ˙ ㄐㄩˋㄗ˙ ㄒㄧㄝˇㄉㄜ˙ ㄈㄟㄔㄤˊ ㄏㄠˇ。
   Jhèifōng sìn lǐ de jyùzih siěde fēicháng hǎo.
   Zhèifēng xìn lǐ de jùzi xiěde fēicháng hǎo.

6. ㄕㄣˊㄇㄜ˙ ㄑㄧㄥㄘㄞˋ ㄕㄨㄟˇㄍㄨㄛˇ ㄨㄛˇ ㄉㄡ ㄒㄧˇㄏㄨㄢ。
   Shénme cīngcài shuěiguǒ wǒ dōu sǐhuān.
   Shénme qīngcài shuǐguǒ wǒ dōu xǐhuān.

7. ㄓㄟˋㄐㄧㄢˋ ㄧㄈㄨˊ ㄕˋ ㄨㄛˇ ㄗˋㄐㄧˇ ㄗㄨㄛˋㄉㄜ˙。
   Jhèijiàn yīfú shìh wǒ zìhjǐ zuòde.
   Zhèijiàn yīfú shì wǒ zìjǐ zuòde.

8. ㄨㄛˇ ㄔ ㄅㄠˇㄌㄜ˙, ㄑㄧㄥˇ ㄇㄢˋ ㄩㄥˋ。
   Wǒ chīhbǎole, cǐng màn yòng.
   Wǒ chībǎole, qǐng màn yòng.

9. ㄋㄧˇ ㄞˋ ㄔ ㄩˊ ㄏㄞˊㄕˋ ㄖㄡˋ?
   Nǐ ài chīh yú háishìh ròu?
   Nǐ ài chī yú háishì ròu?

10. ㄇㄠˊㄅㄧˇ ㄉㄨㄟˋ ㄨㄛˇ ㄇㄟˊ ㄕㄣˊㄇㄜ˙ ㄩㄥˋ。
    Máobǐ duèi wǒ méi shénme yòng.
    Máobǐ duì wǒ méi shénme yòng.

III. Transform the following sentences into the "S QW (S) 都／也 (Neg-) V" pattern.

1. 他喜歡看電影。

2. 張太太想買很多東西。

3. 這件衣服，我不給別人。

4. 他不會唱歌兒。

5. 我不吃肉。

IV. Transform the following sentences into the pattern given.

   a. S 一 M (-N) 都／也 Neg- V

1. 他沒有汽車。

2. 張小姐昨天沒買新衣服。

3. 我沒給他錢。

4. 他不畫畫兒。

5. 現在學校沒有老師。

6. 我不賣房子。

   b. S 一點兒都／也 Neg- S V

1. 我不熱。

2. 英文不難學。

3. 那個外國人不客氣。

4. 張先生寫的字不好看。

5. 他買的錶不便宜。

V. Fill in the blanks, using the coverbs 跟、給、替、用、對。

1. 我常常_____媽媽要錢。
2. 美國人都會_____筷子吃飯嗎？
3. 我_____妹妹買了一件衣服。
4. 他_____我說他女朋友很好看。
5. 昨天他病了，所以我_____他教書。
6. 張小姐不喜歡_____他去旅行。
7. 寫中國字_____外國人很難。
8. 你常常_____父母寫信嗎？
9. 請你_____我問你哥哥好。
10. 你的中文是_____誰學的？
11. 誰每天_____你做飯？
12. 老師都_____我很好。

VI. Translate the following sentences into Chinese.

1. Next week, I'll be at home all the time.

2. Everyone likes to wear nice looking clothes.

3. Last Saturday I didn't go anywhere.

4. I didn't understand a single thing he said.

5. This food you ordered, it's not delicious at all.

6. Students should study more, and watch less television.

VII. What would you say?

1. If your friend arrives and you ask him to sit down, and also ask what he wants to drink, what would you say?

2. If you invite a friend to a restaurant to eat, how do you politely ask him to order food?

3. You want your friend to give your regards to someone, what would you say?

4. Someone offers you a drink. How would you refuse?

5. Someone wants to help you do something, but you think you can do it yourself and don't want to bother him, what would you say?

6. You invite a guest home for a meal, but you wish to be humble by saying the food is not great, what would you say?

7. If at dinner table, you have finished eating, but the others are still eating, what would say in a polite way?

第四課　請她回來以後，給我打電話

NEW CHARACTERS

Character & Pronunciation		Radical	Stroke Order							
喂	wéi	口	口	呬	呬	喂	喂	喂		
借	jiè	亻(人)	亻	仁	件	件	借			
概	gài	木	木	朼	根	根	根	楖	概	概
麻	má	麻	广	庥	麻					
煩	fán	火	丶	丿	火	火	灯	灯	煩	煩
告	gào	口	丿	一	牛	生	告			
訴	sù	言	言	訂	訂	訴	訴	訴		
記	jì	言	言	訂	訂	記				
又	yòu	又	丿	又						
認	rèn	言	言	訂	訶	認				
識	shì	言	言	訐	諳	諳	識	識		
次	cì	欠	二	冫	次					
恐	kǒng	心	工	孔	巩	巩	恐			
怕	pà	忄(心)	忄	忄	怕	怕				

NEW CHARACTERS

Character & Pronunciation		Radical	Stroke Order								
決 ㄐㄩㄝˊ	jué	氵(水)	氵	冫	汀	決					
接 ㄐㄧㄝ	jiē	扌(手)	扌	护	接						
留 ㄌㄧㄡˊ	liú	田	⺂	㇌	切	刃	留				
碼 ㄇㄚˇ	mǎ	石	石	矴	矴	碼	碼	碼			
洗 ㄒㄧˇ	xǐ	氵(水)	氵	冫	汢	洗					
手 ㄕㄡˇ	shǒu	手	㇀	二	手						
興 ㄒㄧㄥˋ	xìng	臼	ノ	⺁	臼	旧	旧	鬥	閂	閂	興
義 ㄧˋ	yì	羊	㇀	⺷	羊	羊	羊	差	羊	羊	義
利 ㄌㄧˋ	lì	刂(刀)	㇀	禾	利						

22

第四課　請她回來以後，給我打電話

Ⅰ. Read the following sentences, and add tone marks above the characters.

1. 他本來要跟我借車，後來又決定不借了，大概是覺得太麻煩吧。

2. 他告訴我要是你接電話的時候說「喂！」，美國人恐怕不懂。

3. 剛剛有一位義大利先生給你打電話，他留了他的電話號碼。

4. 這是我們頭一次見面吧？真高興認識你。

5. 吃飯以前，一定得記得洗手。

Ⅱ. Transcribe the following sentences into Chinese characters.

1. ㄊㄚ ㄎㄨㄥˇㄆㄚˋ ㄅㄨˊㄐㄧˋㄉㄜˊ ㄋㄧˇㄉㄜ˙ ㄉㄧㄢˋㄏㄨㄚˋ ㄏㄠˋㄇㄚˇ ㄌㄜ˙。
Tā kǒngpà bújìdé nǐde diànhuà hàomǎ le.
Tā kǒngpà bújìdé nǐde diànhuà hàomǎ le.

2. ㄗㄞˋ ㄓㄨㄥㄍㄨㄛˊ，ㄐㄧㄝ ㄉㄧㄢˋㄏㄨㄚˋ ㄉㄜ˙ ㄕˊㄏㄡˋ ㄧㄥㄍㄞ ㄕㄨㄛ "ㄨㄟˊ！"
Zài Jhōngguó, jiē diànhuà de shíhhòu yīnggāi shuō "wéi!"
Zài Zhōngguó, jiē diànhuà de shíhòu yīnggāi shuō "wéi!"

3. ㄇㄚˊㄈㄢˊ ㄋㄧˇ ㄍㄠˋㄙㄨˋ ㄌㄧˇ ㄒㄧㄢㄕㄥ ㄨㄛˇ ㄐㄩㄝˊㄉㄧㄥˋ ㄅㄨˊㄑㄩˋ ㄌㄜ˙。
Máfán nǐ gàosù Lǐ Siānshēng wǒ jyuédìng búcyù le.
Máfán nǐ gàosù Lǐ Xiānshēng wǒ juédìng búqù le.

4. ㄨㄛˇ ㄘㄨㄥˊㄑㄧㄢˊ ㄒㄩㄝˊㄍㄨㄛˋ ㄧˋㄉㄚˋㄌㄧˋ ㄏㄨㄚˋ。
Wǒ cóngcián syuéguò Yìdàlì huà.
Wǒ cóngqián xuéguò Yìdàlì huà.

23

5. Hěn gāosìng wǒmen yòu jiànmiàn le.
   Hěn gāoxìng wǒmen yòu jiànmiàn le.

6. Wǒ běnlái búrènshìh nèiwèi siǎojiě, shìh péngyǒu gěi wǒmen jièshào de.
   Wǒ běnlái búrènshì nèiwèi xiǎojiě, shì péngyǒu gěi wǒmen jièshào de.

7. Dàgài jhèshìh nǐ tóuyícìh syué wàiwún ba.
   Dàgài zhèshì nǐ tóuyícì xué wàiwén ba.

8. Nǐ búzài, tā lióule yìjhāng zìhtiáo.
   Nǐ búzài, tā liúle yìzhāng zìtiáo.

9. Siān sǐ shǒu, zài chīh dōngsī.
   Xiān xǐ shǒu, zài chī dōngxī.

10. Nǐmen dàgài hái búrènshìh ba?
    Nǐmen dàgài hái búrènshì ba?

III. Fill in the blanks with 「以前」、「以後」或「的時候」

1. 張小姐兩個月_____到美國去了。
2. 下課_____你要去哪兒？
3. 他來_____，沒給我打電話。
4. 冬天_____，到海邊去的人很少。

5. 三個月_____，我要去美國。

6. 我們在大學念書_____常常去旅行。

7. 睡覺_____，你常看書嗎？

8. 上課_____，別睡覺。

IV. Make sentences.

1. 大概

2. 麻煩

3. 認識

4. 恐怕

5. 接

V. Translate the following sentences into Chinese.

1. He used to enjoy drinking but not any more.

2. Originally we didn't know each other, now we're good friends.

3. He used to go to the library quite often but later he was too busy to go there.

4. The first time I ate Chinese food was in Taipei.

5. The last time he went to America, he didn't go by ship.

6. I spoke of this matter with him many times, but he still forgot about it.

7. I've only been to Germany once.

8. Since I came here I haven't seen any movies.

9. I've already read today's newspaper.

VI. What would you say?

1. If you make a phone call, what is the first sentence you say?

2. If you answer the phone and the person the caller is looking for is not in, what would you say?

3. If you want to ask someone his telephone number, what would you say?

4. You want to know why someone is looking for you, what would you say?

5. You go to find a friend, and he is not home. Please leave a message for him.

第五課　華語跟法語一樣好聽

NEW CHARACTERS

Character & Pronunciation	Radical	Stroke Order								
世 shì	一	一	十	丗	世					
界 jiè	田	田	毌	界	界					
語 yǔ	言	言	訂	訂	評	評	語			
言 yán	言	丶	亠	言	言					
比 bǐ	比	一	上	比	比					
切 qiè	刀	一	七	切	切					
瘦 shòu	疒	广	疒	疒	疒	疖	疖	疸	瘦	
較 jiào	車	車	車	軒	較					
歲 suì	止	卜	止	止	产	产	产	产	歲	
功 gōng	力	工	巧	功						
聰 cōng	耳	一	厂	亓	日	耳	耴	聰	聰	聰
紀 jì	糸	幺	糸	紀	紀	紀				
更 gèng	日	一	亘	更	更					
極 jí	木	木	朾	朽	柯	極	極			

實用視聽華語 2
Practical Audio-Visual Chinese

NEW CHARACTERS

Character & Pronunciation		Radical	Stroke Order						
胖 ㄆㄤˋ	pàng	月(肉)	月	凡´	胖	胖			
長 ㄔㄤˊ	cháng	長	丨	⼲	⾉	長	長		
矮 ㄞˇ	ǎi	矢	丿	㇗	矢	矢	矮	矮	
里 ㄌㄧˇ	lǐ	里	日	旦	甲	里			
尺 ㄔˇ	chǐ	尺	㇇	㇚	尸	尺			
重 ㄓㄨㄥˋ	zhòng	里	一	亠	㐭	重	重		
斤 ㄐㄧㄣ	jīn	斤	一	厂	㇓	斤			
笨 ㄅㄣˋ	bèn	⺮(竹)	⺮	笨	笨	笨			
短 ㄉㄨㄢˇ	duǎn	矢	矢	矢	知	短			

第五課　華語跟法語一樣好聽

I. Read the following sentences, and add tone marks above the characters.

1. 他們的年紀都是二十歲，可是一個高，一個矮，一個胖，一個瘦。

2. 要是世界上只有一種語言，一切就都更方便了。

3. 他聰明得不得了，也非常用功，所以功課好極了。

4. 我比較笨，我不知道一百公尺跟一公里，哪個長哪個短。

5. 這個好像比那個重兩、三公斤。

II. Transcribe the following sentences into Chinese characters.

1. Shìhjièshàng yǒu duōshǎo jhǒng yǔyán?
Shìjièshàng yǒu duōshǎo zhǒng yǔyán?

2. Jhèijiàn yīfúde yàngzih bǐjiào hǎokàn, kěshìh tài duǎn le.
Zhèijiàn yīfúde yàngzi bǐjiào hǎokàn, kěshì tài duǎn le.

3. Tā yǐcián pàngde bùdéliǎo, siànzài shòu le.
Tā yǐqián pàngde bùdéliǎo, xiànzài shòu le.

4. Wǒ bèn, kěshìh bǐjiào yònggōng, suǒyǐ gōngkè bǐ tā hǎo.
Wǒ bèn, kěshì bǐjiào yònggōng, suǒyǐ gōngkè bǐ tā hǎo.

5. ㄊㄚ ㄧㄡˇ ㄉㄨㄛˊㄉㄚˋ ㄋㄧㄢˊㄐㄧˋ ㄌㄜ˙? ㄧㄡˇ ㄑㄧ ㄕˊ ㄙㄨㄟˋ ㄌㄜ˙ ㄅㄚ˙?
Tā yǒu duódà niánjì le? Yǒu cīshíhsuèi le ba?
Tā yǒu duódà niánjì le? Yǒu qīshísuì le ba?

6. ㄊㄚ ㄞˇ, ㄊㄚ ㄊㄞˋㄊㄞ˙ ㄍㄥˋ ㄞˇ, ㄎㄜˇㄕˋ ㄊㄚ ㄇㄣ˙ㄉㄜ˙ ㄏㄞˊㄗ˙ ㄉㄡ ㄍㄠ ㄐㄧˊㄌㄜ˙.
Tā ǎi, tā tàitai gèng ǎi, kěshìh tāmende háizih dōu gāojíle.
Tā ǎi, tā tàitai gèng ǎi, kěshì tāmende háizi dōu gāojíle.

7. ㄧˋ ㄧㄥ ㄌㄧˇ ㄕˋ ㄉㄨㄛ ㄕㄠˇ ㄧㄥ ㄔˇ?
Yì yīnglǐ shìh duōshǎo yīngchǐh?
Yì yīnglǐ shì duōshǎo yīngchǐ?

8. ㄔㄤˊㄉㄜ˙ ㄅㄧˇ ㄉㄨㄢˇㄉㄜ˙ ㄓㄨㄥˋ ㄌㄧㄤˇㄍㄨㄥ ㄐㄧㄣ.
Chángde bǐ duǎnde jhòng liǎnggōngjīn.
Chángde bǐ duǎnde zhòng liǎnggōngjīn.

9. ㄨㄛˇ ㄧˊㄑㄧㄝˋ ㄉㄡ ㄏㄠˇ, ㄑㄧㄥˇ ㄈㄤˋㄒㄧㄣ.
Wǒ yíciè dōu hǎo, cǐng fàngsīn.
Wǒ yíqiè dōu hǎo, qǐng fàngxīn.

10. ㄊㄚ ㄏㄠˇㄒㄧㄤˋ ㄅㄧˇ ㄨㄛˇ ㄉㄚˋ ㄧˊ ㄙㄨㄟˋ.
Tā hǎosiàng bǐ wǒ dà yísuèi.
Tā hǎoxiàng bǐ wǒ dà yísuì.

III. Fill in the blanks.

1. 法國酒_____美國酒貴。

2. 今天天氣跟昨天_____好。

3. 我沒有他_____愛喝酒。

4. 做中國菜麻煩，做法國菜_____麻煩。

5. 學中文有意思得_____。

6. 我弟弟跟我差不多一樣高，他_____比我高。

7. 夏天開車_____冬天開車那麼難。

8. 我比他大_____。

9. 用筷子_____用叉子一樣容易。

10. 日本離美國遠_____。

IV. Answer the following questions.

1. 你有多大了？

2. 你爸爸比你大幾歲？

3. 你媽媽有多高？你有她那麼高嗎？

4. 美國最高的山有多高？

5. 從美國西部到東部，坐火車跟開汽車一樣快嗎？

V. Make sentences.

1. 比較

2. 好像

3. 一切

4. 不得了

5. 多麼……！

6. 好像……一樣

VI. Translate the following sentences into Chinese.

1. She looks a lot like her elder sister.

2. The weather is too cold now, after a few days it will get better.

3. You seem a little fatter than before.

4. The days are really going by quickly.

5. The appearance of this thing is very nice.

VII. Compare the people in your family by height, weight, age……etc.

VIII. What would you say?

1. If you want to know if someone has studied Chinese, how would you ask?

2. If you want to know a child's age, how would you ask him?

3. If you want to know an old person's age, how would you ask him?

第六課　歡迎你們搬來

NEW CHARACTERS

Character & Pronunciation	Radical	Stroke Order						
迎 yíng	辶(辵)	ノ	㇄	卬	卬	迎		
搬 bān	扌(手)	扌	扩	扔	拐	拐	搬	搬
林 lín	木	木	朴	林				
陳 chén	阝(阜)	阝	阝ー	阿	陳			
出 chū	凵	乚	屮	中	出			
超 chāo	走	土	丰	走	起	超		
級 jí	糸	纟	纠	紒	級	級		
場 chǎng	土	土	圹	垣	塌	場		
送 sòng	辶(辵)	丷	䒑	关	送			
平 píng	干	一	丅	立	平			
空 kòng	穴	宀	空	空				
需 xū	雨	雪	雪	雪	雱	需		
改 gǎi	攵(攴)	丁	丁	己	己	改	改	
談 tán	言	言	訁	訁	談	談		

NEW CHARACTERS

Character & Pronunciation		Radical	Stroke Order							
郊 ㄐㄧㄠ	jiāo	阝(邑)	亠	六	交	郊				
區 ㄑㄩ	qū	匚	一	丆	丐	品	區			
址 ㄓˇ	zhǐ	土	土	圠	址	址				
拿 ㄋㄚˊ	ná	手	人	合	合	夲	拿			
進 ㄐㄧㄣˋ	jìn	辶(辵)	亻	乍	隹	進				
盤 ㄆㄢˊ	pán	皿	力	舟	舟	般	般	槃	盤	
寄 ㄐㄧˋ	jì	宀	宀	宊	寄	寄				
跑 ㄆㄠˇ	pǎo	足	口	甲	吊	足	趵	跑	跑	
頁 ㄧㄝˋ	yè	頁	一	丆	丆	百	頁			

第六課　歡迎你們搬來

I. Read the following sentences, and add tone marks above the characters.

1. 改天有空，歡迎您過來談談。

2. 陳先生到郊區的機場去送朋友了。

3. 林太太跑進屋子裡去拿了幾個盤子出來。

4. 他搬家了，你要寄信給他，第一頁第一行就是他的新地址。

5. 我平常不需要開車到超級市場去買菜。

II. Transcribe the following sentences into Chinese characters.

1. Chén Siānshēng bāndào jiāocyū cyù le.
   Chén Xiānshēng bāndào jiāoqū qù le.

2. Tā píngcháng hěn máng, méikòng dào chāojíshìhchǎng cyù.
   Tā píngcháng hěn máng, méikòng dào chāojíshìchǎng qù.

3. Nǐ syūyào de dōngsī dōu cǐng tā jìláile ma?
   Nǐ xūyào de dōngxī dōu qǐng tā jìláile ma?

4. Tāde díjhǐh zài dìèryè dìyīháng.
   Tāde dìzhǐ zài dìèryè dìyīháng.

5. ㄨㄛˇ ㄅㄢ ㄐㄧㄚ ㄉㄜ˙ ㄕˊ ㄏㄡˋ，ㄆㄥˊ ㄧㄡˇ ㄙㄨㄥˋ ㄍㄟˇ ㄨㄛˇ ㄅㄨˊ ㄕㄠˇ ㄆㄢˊ ㄗ˙、ㄨㄢˇ。
Wǒ bānjiā de shíhhòu, péngyǒu sònggěi wǒ bùshǎo pánzih, wǎn.
Wǒ bānjiā de shíhòu, péngyǒu sònggěi wǒ bùshǎo pánzi, wǎn.

6. ㄏㄨㄢ ㄧㄥˊ ㄋㄧˇ ㄐㄧㄣˋ ㄌㄞˊ ㄗㄨㄛˋ ㄗㄨㄛˋ。
Huānyíng nǐ jìnlái zuòzuò.

7. ㄊㄚ ㄆㄠˇ ㄔㄨ ㄑㄩˋ ㄇㄞˇ ㄌㄜ˙ ㄏㄣˇ ㄉㄨㄛ ㄉㄨㄥ ㄒㄧ ㄏㄨㄟˊ ㄌㄞˊ。
Tā pǎochūcyù mǎile hěnduō dōngsī huéilái.
Tā pǎochūqù mǎile hěnduō dōngxī huílái.

8. ㄋㄟˋ ㄒㄧㄝ ㄉㄨㄥ ㄒㄧ，ㄑㄧㄥˇ ㄋㄧˇ ㄋㄚˊ ㄐㄧㄣˋ ㄌㄞˊ ㄅㄚ˙。
Nèisiē dōngsī, cǐng nǐ nájìnlái ba.
Nèixiē dōngxī, qǐng nǐ nájìnlái ba.

9. ㄍㄞˇ ㄊㄧㄢ ㄨㄛˇ ㄒㄧㄤˇ ㄑㄩˋ ㄎㄢˋ ㄎㄢˋ ㄌㄧㄣˊ ㄒㄧㄢ ㄕㄥ。
Gǎitiān wǒ siǎng cyù kànkàn Lín Siānshēng.
Gǎitiān wǒ xiǎng qù kànkàn Lín Xiānshēng.

10. ㄆㄧㄥˊ ㄔㄤˊ ㄋㄧˇ ㄇㄣ˙ ㄩㄥˋ ㄓㄨㄥ ㄨㄣˊ ㄊㄢˊ ㄏㄨㄚˋ ㄇㄚ˙？
Píngcháng nǐmen yòng Jhōngwún tánhuà ma?
Píngcháng nǐmen yòng Zhōngwén tánhuà ma?

III. Fill in the blanks with "verb＋來／去".

1. 我要用那個東西，請你_____。
2. 聽說那個山上很好看，我想_____看看。
3. 他叫我跟他一塊兒去看電影，可是我現在有事不能_____。
4. 你早上幾點_____。
5. 山上太冷，我要_____。

6. 別站在門口，請_____。

7. 你媽媽說家裡有事，要你_____。

8. 他家離學校很近，所以他不必坐車，每天_____。

9. 我買的東西，店裡的人都_____了。

10. 他在那兒做什麼？我們_____看看吧。

IV. Answer the following questions.

1. 你住在哪兒？

2. 你的中文課念到哪裡了？

3. 要是你覺得有一點兒冷，你做什麼？

4. 小弟弟喜歡你的東西，他要做什麼？

5. 新年學校放假放到幾號？

6. 你爸爸送給你什麼東西？

7. 要是上課的時候，你旁邊的學生沒有筆，可是你有兩枝，你做什麼？

8. 聽說你會唱中文歌，你可以唱給我聽嗎？

9. 下了課，孩子們都做什麼？

10. 他跑上樓去做什麼？

Ⅴ. What would you say?

1. If a friend come to your house, what would you say after opening the door?

2. If you want to say someone is welcome to visit when he has free time, what would you say?

3. If you want to ask someone if there is anything you can help him, what would you say?

4. If you want someone to wait a while, what would you say?

5. You and your friend are saying good bye. you want to say "let's find another time to get together and chat," what would you say?

6. If you want to ask your friend to speak more slowly, what would you say?

第七課　你要把這張畫兒掛在哪兒？

NEW CHARACTERS

Character & Pronunciation		Radical	Stroke Order							
把 ㄅㄚˇ	bǎ	扌(手)	扌	扌	扣	扣	把			
掛 ㄍㄨㄚˋ	guà	扌(手)	扌	扌	挂	掛	掛			
當 ㄉㄤ	dāng	田	丨	尚	尚	尚	當			
窗 ㄔㄨㄤ	chuāng	穴	穴	穴	窗	窗				
戶 ㄏㄨˋ	hù	戶	丶	一	戶	戶				
亮 ㄌㄧㄤˋ	liàng	亠	亠	亠	亯	亮				
錄 ㄌㄨˋ	lù	金	金	釒	釒	釤	釤	錄	錄	
它 ㄊㄚ	tā	宀	宀	宀	它	它				
臥 ㄨㄛˋ	wò	臣	一	丅	丂	卫	王	臣	卧	臥
枱 ㄊㄞˊ	tái	木	木	木	枱	枱				
燈 ㄉㄥ	dēng	火	火	火	炒	炒	炒	燀	燈	燈
帶 ㄉㄞˋ	dài	巾	一	卄	卌	卌	帯	帯	帶	
廚 ㄔㄨˊ	chú	广	广	庐	唐	廑	廚			
櫃 ㄍㄨㄟˋ	guì	木	木	木	杧	栢	櫃	櫃		

NEW CHARACTERS

Character & Pronunciation		Radical	Stroke Order							
架 ㄐㄧㄚˋ	jià	木	フ	力	加	架				
黑 ㄏㄟ	hēi	黑	冂	罒	田	旦	甲	里	黑	
餓 ㄜˋ	è	食	飠	飠	飿	餓				
髒 ㄗㄤ	zāng	骨	冂	曰	皿	骨	骨ˊ	骨ˊ	骸	骯
			髒							
鑰 ㄧㄠˋ	yào	金	金	釒	鈴	鈴	鈴	鈴	鑰	鑰
聞 ㄨㄣˊ	wén	門	門	門	閂	開	聞			
同 ㄊㄨㄥˊ	tóng	口	冂	冂	同					
宿 ㄙㄨˋ	sù	宀	宀	宀	宀	宿				
舍 ㄕㄜˋ	shè	舌	人	合	合	舍				
脫 ㄊㄨㄛ	tuō	月 (肉)	月	肝	胪	脫				
扔 ㄖㄥ	rēng	扌 (手)	扌	扌	扔	扔				

I. Read the following sentences, and add tone marks above the characters.

1. 別把脫下來的髒衣服掛在衣櫃裡。

2. 天黑了，把臥房的窗戶關上，把燈開開吧！

3. 他餓了，到了家，把鑰匙扔在床上，就跑到廚房去了。

4. 你當然可以把同學帶到宿舍來看電視新聞。

5. 那兒比較亮，把它放在那個架子上吧！

II. Transcribe the following sentences into Chinese characters.

1. Wūzihlǐ hěn liàng, bǎ dēng guānshàng ba.
   Wūzilǐ hěn liàng, bǎ dēng guānshàng ba.

2. Wòfángde chuānghù hěn dà.
   Wòfángde chuānghù hěn dà.

3. Háizih èle, pǎodào chúfáng cyù chīh dōngsī le.
   Háizi èle, pǎodào chúfáng qù chī dōngxī le.

4. Tā bǎ zāng yīfú tuōsiàlái, rēngzài dìshàng.
   Tā bǎ zāng yīfú tuōxiàlái, rēngzài dìshàng.

5. ㄨㄛˇ ㄅㄚˇ ㄊㄚ ㄍㄨㄚˋ ㄗㄞˋ ㄐㄧㄚˋ ㄗ˙ ㄕㄤˋ ㄌㄜ˙, ㄇㄟˊ ㄈㄤˋ ㄗㄞˋ ㄍㄨㄟˋ ㄗ˙ ㄌㄧˇ。
Wǒ bǎ tā guàzài jiàzih shàng le, méifàngzài guèizihlǐ.
Wǒ bǎ tā guàzài jiàzi shàng le, méifàngzài guìzilǐ.

6. ㄊㄚ ㄔㄤˊ ㄅㄚˇ ㄊㄨㄥˊ ㄒㄩㄝˊ ㄉㄞˋ ㄏㄨㄟˊ ㄐㄧㄚ ㄌㄞˊ ㄨㄢˊㄦ。
Tā cháng bǎ tóngsyué dàihuéijiālái wánr.
Tā cháng bǎ tóngxué dàihuíjiālái wánr.

7. ㄕㄨ ㄈㄤˊ ㄌㄧˇ ㄊㄞˋ ㄏㄟ, ㄋㄧˇ ㄧㄠˋ ㄎㄢˋ ㄕㄨ, ㄗㄨㄟˋ ㄏㄠˇ ㄅㄚˇ ㄊㄞˊ ㄉㄥ ㄎㄞ ㄎㄞ。
Shūfánglǐ tài hēi, nǐ yào kànshū, zuèihǎo bǎ táidēng kāikāi.
Shūfánglǐ tài hēi, nǐ yào kànshū, zuìhǎo bǎ táidēng kāikāi.

8. ㄓㄜˋ ㄕˋ ㄨㄛˇ ㄙㄨˋ ㄕㄜˋ ㄈㄤˊ ㄇㄣˊ ㄉㄜ˙ ㄧㄠˋ ㄕ˙。
Jhè shìh wǒ sùshè fángménde yàoshih.
Zhè shì wǒ sùshè fángménde yàoshi.

9. ㄓㄜˋ ㄍㄜ˙ ㄒㄧㄣ ㄨㄣˊ ㄕˋ ㄨㄛˇ ㄊㄨㄥˊ ㄒㄩㄝˊ ㄍㄠˋ ㄙㄨˋ ㄨㄛˇ ㄉㄜ˙。
Jhèige sīnwún shìh wǒ tóngsyué gàosù wǒ de.
Zhèige xīnwén shì wǒ tóngxué gàosù wǒ de.

10. ㄊㄚ ㄔ ㄍㄨㄛˋ ㄗㄠˇ ㄈㄢˋ ㄌㄜ˙, ㄉㄤ ㄖㄢˊ ㄅㄨˊ ㄜˋ。
Tā chīhguò zǎofàn le, dāngrán búè.
Tā chīguò zǎofàn le, dāngrán búè.

III. Change the following sentences into 把 construction.

1. 請關上門。

2. 快拿過來我的錶。

3. 這些東西,別帶到學校去。

4. 你不可以在這裡停車。

5. 這張畫兒，請你掛在窗戶旁邊。

6. 我們都做功課了。

7. 她不唱那個歌兒給我們聽。

8. 我可以借給你我的照像機。

9. 那本書，我看了兩次。

10. 老師沒告訴我們這個字的意思。

IV. Please introduce your house and describe each room.

V. Translate the following sentences into Chinese.

1. It's getting dark. Let's go back.

2. I want to invite my friend home to play.

3. Your hands are very dirty. Hurry up and go wash them.

4. Would you like to drink some tea?

5. What news is there in today's newspaper?

VI. What would you say?

1. How would you ask your friend to give something to someone?

2. How would you ask someone to turn on the lights?

3. In a store, how would you ask the sales person to show you something on the counter?

4. How would you ask someone to put something down?

5. How would you ask someone to take something somewhere?

第八課　他們在樓下等著我們呢

NEW CHARACTERS

Character & Pronunciation	Radical	Stroke Order							
化 huà	匕	亻	亻	化	化				
妝 zhuāng	女	乚	丬	丬	爿	妝			
換 huàn	扌(手)	扌	扌	扩	护	捡	捣	換	
黃 huáng	黃	一	卄	卄	芉	苦	苦	黃	黃
色 sè	色	勹	夕	刍	刍	色			
漂 piào	氵(水)	氵	氵	沪	酒	湮	漂	漂	
雙 shuāng	隹	隹	雔	雙					
白 bái	白	丿	冂	白	白				
皮 pí	皮	一	厂	广	皮				
鞋 xié	革	一	卄	卄	苗	苜	革	靯	鞋
涼 liáng	氵(水)	氵	氵	汻	泞	涼			
套 tào	大	大	本	杢	套	套	套		
總 zǒng	糸	幺	紒	納	總	總			
藍 lán	艹(艸)	卄	卄	芐	苜	藍	藍	藍	藍	藍

NEW CHARACTERS

Character & Pronunciation		Radical	Stroke Order							
原 ㄩㄢˊ	yuán	厂	厂	厉	原					
紅 ㄏㄨㄥˊ	hóng	糹	糸	紅						
願 ㄩㄢˋ	yuàn	頁	厂	厉	原	願				
故 ㄍㄨˋ	gù	攵 (攴)	一	十	古	古	故			
綠 ㄌㄩˋ	lǜ	糹	糸	紅	糸	綠	紵	綠	綠	
草 ㄘㄠˇ	cǎo	艹 (艸)	艹	昔	艹	草				
顏 ㄧㄢˊ	yán	頁	亠	文	产	彥	顏			
花 ㄏㄨㄚ	huā	艹 (艸)	艹	艹	花	花				
板 ㄅㄢˇ	bǎn	木	木	木	扩	板				
戴 ㄉㄞˋ	dài	戈	土	吉	直	壹	壴	戴		
忽 ㄏㄨ	hū	心	勹	勿	忽					

第八課　他們在樓下等著我們呢

Ⅰ. Read the following sentences, and add tone marks above the characters.

1. 她化妝以後，換了一套黃色的衣服，穿著一雙白皮鞋，非常漂亮。

2. 秋天有一點兒涼，可是天總是很藍。

3. 紅色的花、綠色的草地，顏色很美。

4. 他原來要告訴我們那個故事，後來忽然不願意說了。

5. 站在黑板前面戴著眼鏡 (yǎnjìng)*的那位是我們的中文老師。

Ⅱ. Transcribe the following sentences into Chinese characters.

1. Wèishénme tāmen dōu sǐhuān yòng hóng, lán, bái sānjhǒng yánsè?
   Wèishénme tāmen dōu xǐhuān yòng hóng, lán, bái sānzhǒng yánsè?

2. Yuánlái tiāncì hěn hǎo, kěshìh hūrán siàyǔ le.
   Yuánlái tiānqì hěn hǎo, kěshì hūrán xiàyǔ le.

3. Tā měitiān dōu huàjhuāngde hěn piàoliàng.
   Tā měitiān dōu huàzhuāngde hěn piàoliàng.

4. Tā zǒngshìh chuānjhe nèishuāng hēisède písié.
   Tā zǒngshì chuānzhe nèishuāng hēisède píxié.

*眼鏡 (yǎnjìng)：glasses

5. ㄔㄨㄣㄊㄧㄢㄉㄜ ㄘㄠㄉㄧ ㄗㄨㄟ ㄌㄩ, ㄏㄨㄚㄦㄉㄜ ㄧㄢㄙㄜ ㄧㄝ ㄗㄨㄟ ㄉㄨㄛ。
   Chūntiānde cǎodì zuèi lyù, huārde yánsè yě zuèi duō.
   Chūntiānde cǎodì zuì lǜ, huārde yánsè yě zuì duō.

6. ㄨㄛ ㄉㄞㄉㄜ ㄓㄜㄧㄍㄜ ㄅㄧㄠ ㄊㄞ ㄒㄧㄠ ㄌㄜ, ㄨㄛ ㄒㄧㄤ ㄏㄨㄢ ㄧㄍㄜ ㄉㄚㄉㄜ。
   Wǒ dàide jhèige biǎo tài siǎo le, wǒ siǎng huàn yíge dàde.
   Wǒ dàide zhèige biǎo tài xiǎo le, wǒ xiǎng huàn yíge dàde.

7. ㄊㄚ ㄩㄢㄧ ㄅㄚ ㄩㄢㄌㄞ ㄋㄟㄌㄧㄤ ㄅㄞ ㄑㄧㄔㄜ ㄇㄞㄍㄟ ㄨㄛ。
   Tā yuànyì bǎ yuánlái nèiliàng bái cìchē màigěi wǒ.
   Tā yuànyì bǎ yuánlái nèiliàng bái qìchē màigěi wǒ.

8. ㄊㄧㄢㄘ ㄏㄨㄖㄢ ㄌㄧㄤㄌㄜ, ㄋㄧ ㄉㄞㄓㄜ ㄨㄞㄊㄠ ㄅㄚ。
   Tiāncì hūrán liángle, nǐ dàijhe wàitào ba.
   Tiānqì hūrán liángle, nǐ dàizhe wàitào ba.

9. ㄏㄨㄥ、ㄏㄨㄤ、ㄌㄢ、ㄌㄩ, ㄋㄟㄍㄜ ㄧㄢㄙㄜ ㄗㄨㄟ ㄆㄧㄠㄌㄧㄤ?
   Hóng, huáng, lán, lyù, něige yánsè zuèi piàoliàng?
   Hóng, huáng, lán, lǜ, něige yánsè zuì piàoliàng?

10. ㄊㄚ ㄓㄢㄗㄞ ㄏㄟㄅㄢ ㄑㄧㄢㄇㄧㄢ ㄕㄨㄛ ㄋㄟㄍㄜ ㄍㄨㄕ。
    Tā jhànzài hēibǎn ciánmiàn shuō nèige gùshìh.
    Tā zhànzài hēibǎn qiánmiàn shuō nèige gùshì.

Ⅲ. Fill in the blanks with "V-著" or "V-著 O"

1. 別出去，外面_____呢！
2. 我父母還在美國_____呢！
3. 他在那兒_____，快過去。
4. 桌子上_____。

5. 黑板上_____。

6. 你的衣服在櫃子裡_____。

7. 你_____，我在跟你說話呢！

8. 張太太的手裡_____。

9. 他常常_____走路。

10. 別_____做功課。

11. 老師_____教書。

IV. Make sentences.

1. 總是

2. 原來

3. 願意

4. 部分

5. 換

V. Translate the following sentences into Chinese.

1. People are not able to go one day without drinking water.

2. If I don't eat for half a day, I get very hungry.

3. Last week he didn't go to class for two days.

4. Miss Li has not spoken a word for three days.

5. He hasn't come to class for one week.

VI. What would you say?

1. You want to know if someone is ready or not, how would you ask?

2. You want to express that the clothes or shoes are stylish, what would you ask?

3. You want to know what grade a student is in, how would you ask?

4. How would you politely inquire about someone's parents?

5. You want to explain you have been busy and did not visit for a long time, what would you ask?

第九課 這個盒子裝得下嗎？

NEW CHARACTERS

Character & Pronunciation		Radical	Stroke Order							
盒 ㄏㄜˊ	hé	皿	人	合	合	盒	盒	盒		
裝 ㄓㄨㄤ	zhuāng	衣	丬	爿	爿	爿	壯	裝		
準 ㄓㄨㄣˇ	zhǔn	氵(水)	氵	淮	準					
備 ㄅㄟˋ	bèi	亻(人)	亻	件	伊	佛	備	備		
野 ㄧㄝˇ	yě	里	日	日	甲	里	里	野	野	野
餐 ㄘㄢ	cān	食	卜	夕	奴	奴	餐	餐		
炸 ㄓㄚˊ	zhá	火	火	灯	灯	炸				
紙 ㄓˇ	zhǐ	糸	幺	糸	紅	紙	紙			
袋 ㄉㄞˋ	dài	衣	亻	仁	代	代	袋			
烤 ㄎㄠˇ	kǎo	火	火	灶	炒	烤	烤			
冰 ㄅㄧㄥ	bīng	冫	冫	冫	冫	冰				
箱 ㄒㄧㄤ	xiāng	竹(竹)	竹	竿	箱					
園 ㄩㄢˊ	yuán	囗	冂	冃	園	園	園			
安 ㄢ	ān	宀	宀	安						

51

NEW CHARACTERS

Character & Pronunciation		Radical	Stroke Order							
香 ㄒㄧㄤ	xiāng	香	一	二	禾	香				
渴 ㄎㄜˇ	kě	氵(水)	氵	氿	渇	渇	渴			
麵 ㄇㄧㄢˋ	miàn	麥	龷	朿	夾	麥	麥	麵	麵	麵
罐 ㄍㄨㄢˋ	guàn	缶	亠	二	午	缶	缶	缶	罐	
始 ㄕˇ	shǐ	女	女	如	始					
聲 ㄕㄥ	shēng	耳	士	吉	吉	声	殸	殸	聲	
音 ㄧㄣ	yīn	音	立	音						
糖 ㄊㄤˊ	táng	米	丷	丷	半	米	米	糒	糖	糖

第九課　這個盒子裝得下嗎？

Ⅰ. Read the following sentences, and add tone marks above the characters.

1. 這個烤雞真香，我們開始吃飯吧。

2. 我們準備了炸雞、麵包，到公園去野餐。

3. 要是你渴，可以從冰箱裡拿一罐汽水來喝。

4. 你要把這些糖裝在紙盒裡還是袋子裡？

5. 電視的聲音太大，我想他沒聽見我說晚安。

Ⅱ. Transcribe the following sentences into Chinese characters.

1. Tā zài chúfánglǐ jhǔnbèi yěcān yào dài de dōngsī.
   Tā zài chúfánglǐ zhǔnbèi yěcān yào dài de dōngxī.

2. Jhèige hézih jhuāngdesià nèisiē miànbāo.
   Zhèige hézi zhuāngdexià nèixiē miànbāo.

3. Wǒ yào yíguàn cìshuěi, liǎngpiàn miànbāo.
   Wǒ yào yíguàn qìshuǐ, liǎngpiàn miànbāo.

4. Jhèlǐ fōng tài dà, méibànfǎ kǎoròu.
   Zhèlǐ fēng tài dà, méibànfǎ kǎoròu.

5. Bǎ ròu fàngzài bīngsiānglǐ, yàobùrán róngyì huài.
   Bǎ ròu fàngzài bīngxiānglǐ, yàobùrán róngyì huài.

6. ㄋㄧˇ ㄎㄜˇ ㄇㄚ˙? ㄋㄟˋㄍㄜ˙ ㄓˇㄉㄞˋㄌㄧˇ ㄧㄡˇ ㄑㄧˋㄕㄨㄟˇ。
   Nǐ kě ma? Nèige jhǐhdàilǐ yǒu cìshuěi.
   Nǐ kě ma? Nèige zhǐdàilǐ yǒu qìshuǐ.

7. ㄋㄧˇ ㄨㄣˊ, ㄊㄚ ㄓㄚˊㄉㄜ˙ ㄐㄧ ㄓㄣ ㄒㄧㄤ。
   Nǐ wén, tā jháde jī jhēn siāng.
   Nǐ wén, tā zháde jī zhēn xiāng.

8. ㄨㄛˇ ㄧㄠˋ ㄎㄞ ㄕˇ ㄋㄧㄢˋ ㄕㄨ ㄌㄜ˙, ㄑㄧㄥˇ ㄋㄧˇㄇㄣ˙ ㄕㄨㄛ ㄏㄨㄚˋㄉㄜ˙ ㄕㄥ ㄧㄣ ㄒㄧㄠˇㄉㄧㄢˇㄦ。
   Wǒ yào kāishǐh niànshū le, cǐng nǐmen shuōhuàde shēngyīn siǎodiǎnr.
   Wǒ yào kāishǐ niànshū le, qǐng nǐmen shuōhuàde shēngyīn xiǎodiǎnr.

9. ㄉㄚˋㄐㄧㄚ ㄉㄡ ㄒㄧˇㄏㄨㄢ ㄉㄠˋ ㄍㄨㄥ ㄩㄢˊ ㄑㄩˋ ㄧㄝˇㄘㄢ。
   Dàjiā dōu sǐhuān dào gōngyuán cyù yěcān.
   Dàjiā dōu xǐhuān dào gōngyuán qù yěcān.

10. ㄨㄢˇㄢ, ㄨㄛˇ ㄧㄠˋ ㄕㄨㄟˋ ㄐㄧㄠˋ ㄌㄜ˙。
    Wǎnān, wǒ yào shuèijiào le.
    Wǎnān, wǒ yào shuìjiào le.

III. Make sentences.

1. 準備

2. 要不然

3. 裝

4. 香

5. 聲音

IV. Fill in the blanks with resultaive endings (RE).

1. 那個門壞了，關不_____了。
2. 山太高，我上不_____。
3. 他病了，什麼東西都吃不_____。
4. 你看得_____他是哪國人嗎？
5. 我太累了，站不_____。
6. 今天他很忙，九點以前回得_____嗎？
7. 這張床很大，睡得_____五個人。
8. 門太小，桌子太大，搬不_____。
9. 這個辦法是誰想_____的？
10. 他的東西，他都拿_____了。
11. 這件衣服太小，我穿不_____。
12. 我想不_____錶放在哪兒了。
13. 我喝不_____這是什麼酒。
14. 車子壞了，開不_____了。
15. 那兩個國家打_____了。

V. What would you say?

1. If you want someone to eat more, what would you say?

2. If you have already eaten enough, and you cannot eat more, what would you say?

第十課　我跑不了那麼遠

NEW CHARACTERS

Character & Pronunciation		Radical	Stroke Order							
臉	liǎn	月(肉)	月	肸	肸	脸	脸	脸	臉	
疼	téng	疒	疒	疚	疼					
躺	tǎng	身	丿	冂	自	身	身'	射	躺	躺
緊	jǐn	糸	丂	臣	臤	緊	緊			
運	yùn	辶(辵)	冖	軍	運					
動	dòng	力	二	臽	盲	重	重	動		
球	qiú	王(玉)	王	玗	玗	珡	球	球		
網	wǎng	糸	糸	紉	網	網	網			
完	wán	宀	宀	宁	完					
乾	gān	乙	十	古	卓	乹	乾			
淨	jìng	氵(水)	氵	氵	氵	氵	氵	浐	浄	淨
練	liàn	糸	糸	紅	紉	紉	紳	練		
習	xí	羽	乛	习	羽	習	習			
或	huò	戈	一	口	戸	或				

NEW CHARACTERS

Character & Pronunciation		Radical	Stroke Order							
籃 ㄌㄢˊ	lán	竹 (竹)	竹	竹	竺	籃	籃	籃	籃	
游 ㄧㄡˊ	yóu	氵(水)	氵	汸	汸	游	游			
泳 ㄩㄥˇ	yǒng	氵(水)	氵	汀	汀	汾	泳			
身 ㄕㄣ	shēn	身	丿	自	自	身				
體 ㄊㄧˇ	tǐ	骨	冂	日	田	骨	骨	骨	骨	骨	體
清 ㄑㄧㄥ	qīng	氵(水)	氵	汀	汫	洼	清			
楚 ㄔㄨˇ	chǔ	木	木	林	埜	埜	楚			
瓶 ㄆㄧㄥˊ	píng	瓦	丷	兰	并	并	瓶	瓶	瓶	

第十課　我跑不了那麼遠

I. Read the following sentences, and add tone marks above the characters.

1. 打籃球或是慢跑都是他常做的運動。

2. 他太緊張了，白天常頭疼，夜裡躺在床上睡不著。

3. 你身體不好，應該打網球或是練習游泳。

4. 空氣不乾淨，看東西看不清楚。

5. 這種酒，你喝完一瓶，臉還不紅嗎？

II. Transcribe the following sentences into Chinese characters.

1. Yóuyǒng shìh duèi shēntǐ hěn hǎode yùndòng.
   Yóuyǒng shì duì shēntǐ hěn hǎode yùndòng.

2. Kǎowánle shìh, wǒmen jiòu cyù liànsí wǎngcióu.
   Kǎowánle shì, wǒmen jiù qù liànxí wǎngqiú.

3. Tā tài jǐnjhāng le, méitīngcīngchǔ nǐ shuō shénme.
   Tā tài jǐnzhāng le, méitīngqīngchǔ nǐ shuō shénme.

4. Tā báitiān dǎle láncióu, suǒyǐ siànzài hěn lèi.
   Tā báitiān dǎle lánqiú, suǒyǐ xiànzài hěn lèi.

5. ㄒㄧㄤㄒㄧㄚˋ ㄎㄨㄥㄘˋ ㄍㄢ ㄐㄧㄥˋ，ㄇㄢˋㄆㄠˇ ㄗㄨㄟˋ ㄏㄠˇ。
   Siāngsià kōngcì gānjìng, mànpǎo zuèi hǎo.
   Xiāngxià kōngqì gānjìng, mànpǎo zuì hǎo.

6. ㄊㄚ ㄊㄡˊ ㄊㄥˊ，ㄗㄞˋ ㄔㄨㄤˊ ㄕㄤˋ ㄊㄤˇ ㄓㄜ˙ ㄕㄨㄟˋ ㄅㄨˋ ㄓㄠˊ。
   Tā tóu téng, zài chuángshàng tǎngjhe shuèibùjháo.
   Tā tóu téng, zài chuángshàng tǎngzhe shuìbùzháo.

7. ㄧˋ ㄆㄧㄥˊ ㄘˋ ㄕㄨㄟˇ，ㄨㄛˇ ㄏㄜ ㄅㄨˋ ㄌㄧㄠˇ。
   Yìpíng cìshuěi, wǒ hēbùliǎo.
   Yìpíng qìshuǐ, wǒ hēbùliǎo.

8. ㄊㄚ ㄉㄜ˙ ㄌㄧㄢˇ ㄙㄜˋ ㄅㄨˋ ㄏㄠˇ，ㄉㄚˋ ㄍㄞˋ ㄕˋ ㄕㄣ ㄊㄧˇ ㄅㄨˋ ㄕㄨ ㄈㄨˊ。
   Tāde liǎnsè bùhǎo, dàgài shìh shēntǐ bùshūfú.
   Tāde liǎnsè bùhǎo, dàgài shì shēntǐ bùshūfú.

9. ㄨㄛˇ ㄇㄣ˙ ㄧㄡˊ ㄨㄢˊ ㄩㄥˇ，ㄐㄧㄡˋ ㄑㄩˋ ㄔ ㄈㄢˋ。
   Wǒmen yóuwán yǒng, jiòu cyù chīhfàn.
   Wǒmen yóuwán yǒng, jiu qù chīfàn.

10. ㄅㄧㄝˊ ㄐㄧㄣˇ ㄓㄤ，ㄨㄛˇ ㄇㄣ˙ ㄐㄧㄣ ㄊㄧㄢ ㄅㄨˋ ㄎㄠˇ ㄕˋ。
    Bié jǐnjhāng, wǒmen jīntiān bùkǎoshìh.
    Bié jǐnzhāng, wǒmen jīntiān bùkǎoshì.

III. Make sentences.

1. 緊張

2. 運動

3. 練習

4. 或是

5. 清楚

IV. Fill in the blanks with resultative endings (RE).
1. 黑板上的字太小，我看不_____。
2. 你念_____了，再念一次。
3. 你看得_____日文嗎？
4. 這件事，你用不_____告訴他。
5. 你忘得_____小時候的朋友嗎？
6. 野餐的東西都準備_____了嗎？
7. 我沒想_____他也會說德文。
8. 在這兒，什麼東西都買得_____。
9. 我們三個人吃不_____那麼多菜。
10. 這件衣服太髒，恐怕洗不_____了。
11. 從這兒到學校，十分鐘走得_____嗎？
12. 這本書，三個月念得_____嗎？
13. 這個東西太重，他大概拿不_____。
14. 三年沒見，他已經長_____了。
15. 她很容易緊張，所以常常睡不_____。
16. 你送我的酒，我還沒喝_____呢。
17. 我很累，走不_____了。
18. 老人不一定跑不_____。
19. 他吃了三碗飯，還沒吃_____。
20. 書架上的書放得太高，我拿不_____。
21. 下雨了，今天恐怕去不_____了。

22. 他還沒學_____開車呢！
23. 請你大聲一點兒說，我聽不_____。
24. 這個字太難，我常常寫不_____。
25. 喝了很多茶以後，我一定睡不_____。

V. What would you say?

1. If your friend is sick, what would you say?

2. Your friend may not be healthy if he does not exercise. If you are to talk him into doing exercise, what would you say?

3. If you want to invite a friend to play basketball, what would you say?

4. If someone asks if you like to play ball or swim, and you like to do both, what would you say?

第十一課　我們好好兒地慶祝慶祝

NEW CHARACTERS

Character & Pronunciation		Radical	Stroke Order							
慶 ㄑㄧㄥˋ	qìng	心	广	广	庐	庐	庐	應	廖	慶
祝 ㄓㄨˋ	zhù	礻(示)	礻	礽	祝					
正 ㄓㄥˋ	zhèng	止	一	丅	正	正				
蛋 ㄉㄢˋ	dàn	虫	一	丆	疋	呇	番	蛋	蛋	
糕 ㄍㄠ	gāo	米	丷	米	粁	粁	粁	糕	糕	
甜 ㄊㄧㄢˊ	tián	甘	二	千	舌	舌	甜	甜		
鹹 ㄒㄧㄢˊ	xián	鹵	卜	卢	肉	肉	肉	肉	鹵	鹵
			鹵	鹹	鹹					
葡 ㄆㄨˊ	pú	艹(艸)	艹	艻	芍	荀	葡	葡	葡	
萄 ㄊㄠˊ	táo	艹(艸)	艹	艻	芍	芍	匋	萄	萄	
瓜 ㄍㄨㄚ	guā	瓜	一	厂	瓜	瓜				
橘 ㄐㄩˊ	jú	木	木	杧	杧	杧	杧	杧	橘	橘	橘
酸 ㄙㄨㄢ	suān	酉	一	丆	丙	酉	酉	酉	酸	酸
飲 ㄧㄣˇ	yǐn	食	食	食	飲	飲				

NEW CHARACTERS

Character & Pronunciation		Radical	Stroke Order							
料	liào ㄌㄧㄠˋ	米	丷	米	米	米	料			
味	wèi ㄨㄟˋ	口	口	叮	味					
參	cān ㄘㄢ	厶	厶	厽	叅	參				
加	jiā ㄐㄧㄚ	力	丆	力	加					
圓	yuán ㄩㄢˊ	口	冂	閂	圓	圓				
眼	yǎn ㄧㄢˇ	目	目	貝	眼	眼				
睛	jīng ㄐㄧㄥ	目	目	貝	貝	睛	睛			
惜	xí ㄒㄧˊ	忄 (心)	忄	悋	惜					
蘋	píng ㄆㄧㄥˊ	艹 (艸)	艹	艹	艹	艹	艹	蒱	蘋	蘋
鼻	bí ㄅㄧˊ	鼻	自	畠	畠	鼻				
嘴	zuǐ ㄗㄨㄟˇ	口	口	叱	吡	啃	嘴	嘴		
笑	xiào ㄒㄧㄠˋ	竹 (艸)	𥫗	竺	竺	笑				

第十一課 我們好好兒地慶祝慶祝

I. Read the following sentences, and add tone marks above the characters.

1. 我前天參加了他的生日舞會，他跳舞跳得真好。

2. 她的眼睛、鼻子、嘴都很好看，可惜不喜歡笑。

3. 在慶祝茶會上，有甜的蛋糕、鹹的包子，還有好幾種飲料。

4. 西瓜、蘋果不錯，橘子跟葡萄都太酸。

5. 我正要拿那個圓圓的點心，他拿走了。

II. Transcribe the following sentences into Chinese characters.

1. *Wǒmen kāi cháhuèi cìngjhù jhèige tèbiéde rìhzih.*
   Wǒmen kāi cháhuì qìngzhù zhèige tèbiéde rìzi.

2. *Wǒ sǐhuān tiàowǔ, kěsí jhèicìh wǔhuèi wǒ bùnéng cānjiā.*
   Wǒ xǐhuān tiàowǔ, kěxí zhèicì wǔhuì wǒ bùnéng cānjiā.

3. *Tāde yǎnjīng yuányuánde, bízih gāogāode, zuěi hónghóngde.*
   Tāde yǎnjīng yuányuánde, bízi gāogāode, zuǐ hónghóngde.

4. *Jhèikuài dàngāode wèidào jhēn hǎo, bútài tián.*
   Zhèikuài dàngāode wèidào zhēn hǎo, bútài tián.

5. Nǐde yǐnliào yào jiā bīngkuàir ma?
   Nǐde yǐnliào yào jiā bīngkuàir ma?

6. Jhèige bāozih shìh tiánde háishìh siánde?
   Zhèige bāozi shì tiánde háishì xiánde?

7. Wǒmen siàtiān chīh pútáo, sīguā, ciōutiān chīh píngguǒ.
   Wǒmen xiàtiān chī pútáo, xīguā, qiūtiān chī píngguǒ.

8. Siànzài jyúzih hái yǒuyìdiǎnr suān.
   Xiànzài júzi hái yǒuyìdiǎnr suān.

9. Hǎohǎorde shuō, bié siào.
   Hǎohǎorde shuō, bié xiào.

10. Wǒ ài chīh siánde, búài chīh tiánde gēn suānde.
    Wǒ ài chī xiánde, búài chī tiánde gēn suānde.

III. Use reduplicated stative verbs to modify nouns.

1. 山

2. 手

3. 衣服

4. 蘋果

5. 飲料

IV. Answer the following questions with reduplicated stative verbs.

1. 要是你的朋友生病了,你跟他說什麼?

2. 老師要你怎麼寫你的功課?

   请你

3. 要是你告訴別人一件很難的事,應該怎麼說?

4. 很久沒看見一位朋友了,你想跟他怎麼談談?

5. 他怕做一件事的時間不夠,非常緊張,你覺得還有很多時間,你想他應該怎麼做?

V. Complete the following sentences with reduplicated measures.

1. 我的學生_____。
2. 他的書_____。
3. 這些點心_____。
4. 她的衣服_____。
5. 他買的飲料_____。

VI. Make sentences.

1. 參加

2. 又……又……

3. 也……也

4. 慶祝

5. 正

VII. What would you say?

1. If it is your friend's birthday, and you want to have a party for him and celebrate, what would you say?

   为了

2. If you agree with other's decision about what to do, what would you say?

3. How do you invite a friend to your party?

第十二課　錶讓我給弄丟了

NEW CHARACTERS

Character & Pronunciation		Radical	Stroke Order							
讓	ràng	言	言	訁	訁	誏	諱	諱	讓		
弄	nòng	廾	二	干	王	王	弄				
丟	diū	一	一	二	干	王	丟				
摘	zhāi	扌(手)	扌	扩	护	扴	摘	摘			
哭	kū	口	口	吅	哭	哭					
奇	qí	大	大	大	产	奇					
怪	guài	忄(心)	忄	忆	怪						
糊	hú	米	米	料	粘	糊					
塗	tú	土	氵	汈	汵	浽	涂	塗			
警	jǐng	言	艹	芍	苟	荷	敬	警			
察	chá	宀	宀	宀	宑	宑	穸	窔	察		
被	bèi	衤(衣)	衤	衤	补	袝	被				
偷	tōu	亻(人)	亻	亻	伶	偷	偷				
銀	yín	金	金	釒	釕	銀					

NEW CHARACTERS

Character & Pronunciation		Radical	Stroke Order							
發	fā	癶	㇒	㇇	⺹	癶	癶	癸	發	發
希	xī	巾	㇒	ㄨ	産	产	希	希		
望	wàng	月	亡	切	望	望	望	望	望	
消	xiāo	氵(水)	丶	氵	汀	沙	消			
亂	luàn	乙	㇒	乱	肖	肖	啇	亂		
破	pò	石	石	矿	矿	破				
搶	qiǎng	扌(手)	扌	扩	扩	拾	拾	搶		

第十二課　錶讓我給弄丟了

Ⅰ. Read the following sentences, and add tone marks above the characters.

1. 他一回家，發現屋子裡很亂，畫兒被摘下來了，窗戶也被打破了，就知道小偷來了。

2. 一知道銀行被搶的消息，警察馬上就來了。

3. 他真胡塗，把照像機弄丟了，希望找得著。

4. 有的女孩子一高興就哭，真奇怪。

5. 他說這個消息很重要，讓我告訴你。

Ⅱ. Transcribe the following sentences into Chinese characters.

1. ㄓㄠˋㄒㄧㄤˋㄐㄧ ㄅㄟˋ ㄊㄚ ㄋㄨㄥˋㄉㄧㄡ ㄌㄜ。
   Jhàosiàngjī bèi tā nòngdiōu le.
   Zhàoxiàngjī bèi tā nòngdiū le.

2. ㄊㄚ ㄓㄜˋㄇㄜ ㄏㄨˊㄊㄨˊ，ㄓㄣ ㄖㄤˋ ㄖㄣˊ ㄓㄠ ㄐㄧˊ。
   Tā jhème hútú, jhēn ràng rén jhāojí.
   Tā zhème hútú, zhēn ràng rén zhāojí.

3. ㄓㄜˋㄇㄜ ㄓㄨㄥˋㄧㄠˋㄉㄜ ㄒㄧㄠ ㄒㄧ，ㄒㄧ ㄨㄤˋ ㄊㄚ ㄗㄠˇ ㄧˋㄉㄧㄢˇㄦ ㄓ ㄉㄠˋ。
   Jhème jhòngyàode siāosí, sīwàng tā zǎo yìdiǎnr jhīhdào.
   Zhème zhòngyàode xiāoxí, xīwàng tā zǎo yìdiǎnr zhīdào.

4. ㄋㄟˋㄐㄧㄚ ㄧㄣˊㄏㄤˊ ㄅㄟˋ ㄑㄧㄤˇ ㄌㄜ。
   Nèijiā yínháng bèi ciǎng le.
   Nèijiā yínháng bèi qiǎng le.

5. ㄊㄚ ㄨㄟˋ ㄕㄣˊ ㄇㄜ˙ ㄗㄨㄥˇ ㄕˋ ㄋㄨㄥˋ ㄘㄨㄛˋ ㄕˊ ㄐㄧㄢ。
Tā wèishénme zǒngshìh nòngcuò shíhjiān.
Tā wèishénme zǒngshì nòngcuò shíjiān.

6. ㄨ ㄗˇ ㄌㄧˇ ㄅㄟˋ ㄒㄧㄠˇ ㄊㄡ ㄋㄨㄥˋ ㄉㄜ˙ ㄏㄣˇ ㄌㄨㄢˋ。
Wūzihlǐ bèi siǎotōu nòngde hěn luàn.
Wūzilǐ bèi xiǎotōu nòngde hěn luàn.

7. ㄏㄞˊ ㄗ˙ ㄅㄨˋ ㄒㄧㄠˇ ㄒㄧㄣ ㄅㄚˇ ㄕㄡˇ ㄋㄨㄥˋ ㄆㄛˋ ㄌㄜ˙, ㄙㄨㄛˇ ㄧˇ ㄎㄨ ㄌㄜ˙。
Háizih bùsiǎosīn bǎ shǒu nòngpòle, suǒyǐ kūle.
Háizi bùxiǎoxīn bǎ shǒu nòngpòle, suǒyǐ kūle.

8. ㄈㄚ ㄒㄧㄢˋ ㄉㄨㄥ ㄒㄧ ㄅㄟˋ ㄊㄡ ㄌㄜ˙, ㄗㄨㄟˋ ㄏㄠˇ ㄇㄚˇ ㄕㄤˋ ㄅㄠˋ ㄐㄧㄥˇ。
Fāsiàn dōngsī bèi tōule, zuèihǎo mǎshàng bàojǐng.
Fāxiàn dōngxī bèi tōule, zuìhǎo mǎshàng bàojǐng.

9. ㄅㄧㄝˊ ㄅㄚˇ ㄅㄧㄠˇ ㄓㄞ ㄒㄧㄚˋ ㄌㄞˊ ㄈㄤˋ ㄗㄞˋ ㄒㄧˇ ㄕㄡˇ ㄐㄧㄢ ㄌㄧˇ。
Bié bǎ biǎo jhāisiàlái fàngzài sǐshǒujiānlǐ.
Bié bǎ biǎo zhāixiàlái fàngzài xǐshǒujiānlǐ.

10. ㄨㄛˇ ㄓㄣ ㄏㄨˊ ㄊㄨˊ, ㄨㄤˋ ㄌㄜ˙ ㄐㄧㄣ ㄊㄧㄢ ㄕˋ ㄋㄧˇ ㄉㄜ˙ ㄕㄥ ㄖˋ ㄌㄜ˙。
Wǒ jhēn hútú, wàngle jīntiān shìh nǐde shēngrìh le.
Wǒ zhēn hútú, wàngle jīntiān shì nǐde shēngrì le.

III. Answer the following questions with the passive voice.

1. 你的照像機怎麼不見了？
因为照相机被偷了。

2. 為什麼小妹妹哭了？
她的发现她的小狗被老虎吃了。

3. 為什麼你的衣服髒了？
咖啡酒了 我的衣服被咖啡弄脏了。

4. 銀行裡現在有很多警察，出了什麼事？
   小偷把银行剽了。
5. 蛋糕沒有了，為什麼？
   蛋糕让那位胖胖的男人吃了。
6. 電視壞了，為什麼？
   我的猫把电视弄坏了。
7. 為什麼你在書店裡買不到那本書？
   我的钱丢了。本
8. 窗戶破了，為什麼？
   窗户被棒球打破了。
9. 掛在牆上的畫兒呢？
   画儿被谁偷了。
10. 我的筆呢？
    笔丢了的时候，你应该去报警。

IV. Complete the following sentences with 讓／叫.

1. 明天要考試，老師 叫我努力练习。
2. 我的眼睛不舒服，媽媽 让我买新 的。
3. 他生病了，我們 叫他休息一下
4. 我朋友生氣了，因為 我不让 他跟我去吃饭
5. 他那麼著急，因為 老板叫做非法的。

V. Make sentences.

1. 發現　昨天看新闻的时候我发现 ^再 有一 台风。

2. 一……就……　我一听到了，就觉得很奇怪。

3. ……什麼的　下次庆祝我的生日 我要吃 ^喝 　　什么的。

4. 希望 ~~台~~我風不來

5. 胡塗 第一次开车,我觉得很胡涂

VI. Translate the following sentences into Chinese.

1. Don't worry, look for it again.

2. He took off his watch.

3. My car was stolen.

4. I have some news, I'll tell you right away.

5. My money was grabbed by a bad person.

VII. What would you say?

1. If your friend is really nervous, and you want to know what happened, what would you say?

2. If your friend lost something what would you say?

3. How do you cheer up someone who has just lost something?

第十三課　恭喜恭喜

NEW CHARACTERS

Character & Pronunciation		Radical	Stroke Order							
恭 ㄍㄨㄥ	gōng	小 (心)	艹	共	恭	恭	恭			
樂 ㄌㄜˋ	lè	木	白	甾	樂	樂				
情 ㄑㄧㄥˊ	qíng	忄 (心)	忄	忄	忄	忄	情			
才 ㄘㄞˊ	cái	扌 (手)	一	十	才					
物 ㄨˋ	wù	牛 (牛)	丿	牛	牛	牧	物			
健 ㄐㄧㄢˋ	jiàn	亻 (人)	亻	伊	侓	侓	健	健		
康 ㄎㄤ	kāng	广	广	户	庚	庚	康			
如 ㄖㄨˊ	rú	女	女	如						
隨 ㄙㄨㄟˊ	suí	阝(阜)	阝	阝	陧	隋	隨			
院 ㄩㄢˋ	yuàn	阝(阜)	阝	阝	阼	院				
鬧 ㄋㄠˋ	nào	鬥	丨	鬥	鬥	鬥	鬥	鬧	鬧	
工 ㄍㄨㄥ	gōng	工	一	丁	工					
作 ㄗㄨㄛˋ	zuò	亻 (人)	亻	仁	竹	作				
腦 ㄋㄠˇ	nǎo	月 (肉)	月	月	腚	腚	腦	腦	腦	

NEW CHARACTERS

Character & Pronunciation		Radical	Stroke Order							
越	yuè	走	走	走	走	起	越			
通	tōng	辶(辵)	ㄱ	乃	甬	甬	通			
畢	bì	田	田	畢	畢	畢				
業	yè	木	丷	业	业	业	丵	丵	業	業
研	yán	石	石	石	石	研	研			
究	jiù	穴	宀	穴	穷	究				
聊	liáo	耳	耳	耳	耳	聊	聊	聊		
步	bù	止	卜	止	止	牛	井	步		
暑	shǔ	日	日	旦	昇	暑				
寒	hán	宀	宀	宀	宇	宲	寒	寒		

第十三課　恭喜恭喜

Ⅰ. Read the following sentences, and add tone marks above the characters.

1. 這是我送你的生日禮物，祝你生日快樂、身體健康、萬事如意、功課進步。

2. 恭喜你研究所畢業了。

3. 我在電腦公司找到一份工作，今天才通知我，下星期就開始上班了。

4. 我們在院子裡聊得很熱鬧，要是你沒有事情，歡迎你隨時過來。

5. 在暑假、寒假去打工的學生越來越多了。

Ⅱ. Transcribe the following sentences into Chinese characters.

1. ㄓㄨˋ ㄋㄧˇ ㄒㄧㄣㄋㄧㄢˊ ㄎㄨㄞˋㄌㄜˋ, ㄕㄣㄊㄧˇ ㄐㄧㄢˋㄎㄤ, ㄨㄢˋㄕˋ ㄖㄨˊㄧˋ。
Jhù nǐ sīnnián kuàilè, shēntǐ jiànkāng, wànshìh rúyì.
Zhù nǐ xīnnián kuàilè, shēntǐ jiànkāng, wànshì rúyì.

2. ㄊㄚㄇㄣ ㄗㄞˋ ㄩㄢˋㄗ˙ㄌㄧˇ ㄨㄢˊㄦ˙ㄉㄜ ㄓㄣ ㄖㄣˋㄋㄠˋ。
Tāmen zài yuànzihlǐ wánrde jhēn rènào.
Tāmen zài yuànzilǐ wánrde zhēn rènào.

3. ㄍㄨㄥ ㄒㄧˇ ㄋㄧˇ ㄉㄚˋㄒㄩㄝˊ ㄅㄧˋㄧㄝˋㄌㄜ˙, ㄓㄜˋㄕˋㄨㄛˇㄙㄨㄥˋㄋㄧˇㄉㄜ˙ㄅㄧˋㄧㄝˋㄌㄧˇㄨˋ。
Gōngsǐ nǐ dàsyué bìyèle, jhè shìh wǒ sòng nǐ de bìyè lǐwù.
Gōngxī nǐ dàxué bìyèle, zhè shì wǒ sòng nǐ de bìyè lǐwù.

4. Wǒ yuèláiyuè sǐhuān jhèifèn gōngzuò le.
   Wǒ yuèláiyuè xǐhuān zhèifèn gōngzuò le.

5. Nǐmen shénme shíhhòu kāishǐh fàng shǔjià?
   Nǐmen shénme shíhòu kāishǐ fàng shǔjià?

6. Yàoshìh yǒu siāosí, cǐng nǐ suéishíh tōngzhīh wǒ.
   Yàoshì yǒu xiāoxí, qǐng nǐ suíshí tōngzhī wǒ.

7. Tā zài diànnǎo gōngsīh zuò yánjiòu gōngzuò.
   Tā zài diànnǎo gōngsī zuò yánjiù gōngzuò.

8. Wǒmen méiyǒu jhòngyàode shìhcíng, suéibiàn liáoliáo.
   Wǒmen méiyǒu zhòngyàode shìqíng, suíbiàn liáoliáo.

9. Wǒ fàng hánjià de shíhhòu cái huéijiā.
   Wǒ fàng hánjià de shíhòu cái huíjiā.

10. Tāde Jhōngwún jìnbùle hěn duō.
    Tāde Zhōngwén jìnbùle hěn duō.

III. Fill in the blanks with 再, 才 or 就

1. 那個東西，我找了好久_____找到。

2. 你放心，我馬上_____來。

3. 明年我要先去英國，_____去法國。

4. 他一生氣_____頭疼。

5. 在那個國家，二十歲_____可以喝酒。

6. 我昨天晚上十二點_____回家的。

7. 你最好洗了手_____吃水果。

8. 他明年_____畢業呢。

9. 兩點上課，他兩點半_____來。

10. 我們吃了飯_____去看電影吧。

11. 他十七歲_____上大學了。

12. 我得給他很多錢，他_____願意做。

13. 我昨天吃了早飯_____去學校了。

14. 要是你喜歡，你_____吃。

15. 我現在不買，下個月_____買。

IV. Answer the following questions with "越來越……" or "越……越……"

1. 最近天氣怎麼樣？

2. 你父親的身體怎麼樣？

3. 你的中文說得怎麼樣？

4. 他走路走得怎麼樣？

5. 外面雨下得大不大？

V. Make sentences.

1. 隨便

2. 恭喜

3. 隨時

4. 熱鬧

5. 通知

VI. Translate the following sentences into Chinese.

1. The more he talks the more I don't understand.

2. Wishing everything goes smoothly for you.

3. Please sit everywhere you like, don't be polite.

4. Let's find a time to chat.

VII. What would you say?

1. If it is your friend's birthday, what would you say?

2. If you are late for something, what would you say?

3. If you give someone a gift, what would you say in a polite way?

4. If you would like to hear form a friend who you haven't seen for a long time, what would you say?

5. If someone tells you a piece of good news about himself, what would you say?

6. Someone invites you to do something, you want to say you are not busy and anything is OK. What would you say?

國家圖書館出版品預行編目資料

新版實用視聽華語學生作業簿 / 國立臺灣師範大學主編. – 二版. –
新北市新店區： 正中, 2008. 2
　　冊；19×26公分

　　ISBN 978-957-09-1798-7（第1冊：平裝）
　　ISBN 978-957-09-1799-4（第2冊：平裝）
　　ISBN 978-957-09-1800-7（第3冊：平裝）
　　ISBN 978-957-09-1801-4（第4冊：平裝）
　　ISBN 978-957-09-1802-1（第5冊：平裝）

新版《實用視聽華語》學生作業簿（二）

主　編　者◎國立臺灣師範大學
編輯委員◎王淑美・盧翠英・陳夜寧
召　集　人◎葉德明
著作財產權人◎教育部
地　　　址◎(100)臺北市中正區中山南路5號
電　　　話◎(02)7736-7990
傳　　　真◎(02)3343-7994
網　　　址◎http://www.edu.tw

發　行　人◎蔡繼興
出版發行◎正中書局股份有限公司
地　　　址◎新北市(231)新店區復興路43號4樓
電　　　話◎(02)8667-6565
傳　　　真◎(02)2218-5172
郵政劃撥◎0009914-5
網　　　址◎http://www.ccbc.com.tw
　　　　　E-mail：service@ccbc.com.tw
門　市　部◎新北市(231) 新店區復興路43號4樓
電　　　話◎(02)8667-6565
傳　　　真◎(02)2218-5172

香港分公司◎集成圖書有限公司－香港皇后大道中
　　　　　283號聯威商業中心8字樓C室
TEL：(852)23886172-3・FAX：(852)23886174
美國辦事處◎中華書局－135-29 Roosevelt Ave.
　　　　　Flushing,NY 11354 U.S.A.
TEL：(718)3533580・FAX：(718)3533489
日本總經銷◎光儒堂－東京都千代田區神田神保町
　　　　　一丁目五六番地
TEL：(03)32914344・FAX：(03)32914345

政府出版品展售處
教育部員工消費合作社
地　　　址◎(100)臺北市中正區中山南路5號
電　　　話◎(02)23566054
五南文化廣場
地　　　址◎(400)臺中市中山路6號
電　　　話◎(04)22260330#20、21

國立教育資料館
地　　　址◎(106)臺北市大安區和平東路1段181號
電　　　話◎(02)23519090#125

行政院新聞局局版臺業字第0199號(10586)
出版日期◎西元2008年 2月二版一刷
　　　　　西元2014年12月二版八刷
ISBN　978-957-09-1799-4
定價／**110**元
著作人：王淑美・盧翠英・陳夜寧
◎本書保留所有權利
　　如欲利用本書全部或部分內容者，須徵求著作財產權人同意或書面授權，請逕洽教育部。
版權所有・翻印必究 Printed in Taiwan

分類號碼◎802.00.082

GPN 1009700091

著作財產權人：教育部